POESIA COLÍRICA

enzo banzo

POESIA COLÍRICA

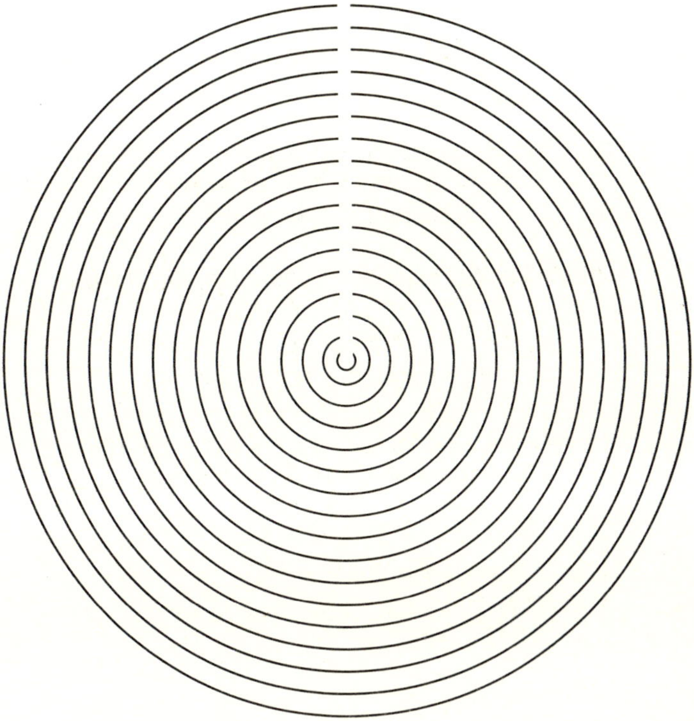

Quixote
Editora LETRAMENTO

POESIA COLÍRICA

•

Editores:
Gustavo Abreu e Alencar Perdigão

Capa e programação visual:
Binho Miranda

Gestão e produção:
Roda Cultura

Toques e retoques
Danislau e Cleusa Bernardes

Incentivo:
PMIC – Programa Municipal de Incentivo à Cultura
Secretaria Municipal de Cultura
Prefeitura de Uberlândia

Projeto Poesia Colírica, CA 023/2013, FMC/PMIC

Proponente:
Ênio Bernardes de Andrade

Dados Internacionais de Catalogação na Publicação (CIP)
Bibliotecária Juliana Farias Motta CRB7- 5880

B219p Banzo, Enzo

Poesia colírica / Enzo Banzo. -- Belo Horizonte, MG :
Letramento, 2014.

126 p. ; 14 x 21 cm.

ISBN: 978-85-68275-10-8

1. Literatura brasileira. 2. Poesia brasileira. I. Título.

CDD B869.1

Editora Letramento
Avenida Mário Werneck, 2900, Sala 110 - Bairro Buritis, Belo Horizonte/MG
contato@editoraletramento.com.br

Para minha mãe, Cleusa Bernardes,
poeta maior.

Ao meu filho, José Francisco,
professor de poesia.

POESIA
CALADA

observo a tinta que descasca
enquanto descasco uma laranja

uma é áspera
a outra ácida
diz minha língua em saliva

jogo a laranja na parede
não sei se por loucura
ou por pintura

não quero mais chupar laranja
e ainda não cheguei ao ponto
de lamber paredes

admiro as moscas
capazes
de sugar o sumo do suco
da parede

soco a parede
não há suco ou soco que a destrua

mas
a tinta
              tempo
descasca

quando eu nasci o sonho já tinha acabado
fazia tempo
quando eu nasci garrincha já tinha parado
já era o fim do segundo tempo

quando saquei o sonho o sonho era retrô
quando era novo eu só ouvia disco velho
não entendia o que era estranho em joão gilberto
nem no velô

agora
é o tempo
do depois

depois de agora
vai ser mais
depois ainda

quando eu morrer não importa o que eu tenha sonhado
quando eu nasci o sonho já tava enterrado

o sujeito é uma bola

o sujeito é um planeta
no seu movimento
de rodar em torno
e adiante

vem um pé
          dá um chute na bola

a bola voa
          a bola voa
                              a bola voa

o sujeito
                    é um caminho
          sem
volta

eu gosto muito de pensar em palavras
mas agora eu penso mesmo
é na sua boca grossa
e a única língua
é a sua na minha
eu você nosso ímã
bem melhor do que rimas

como é gostoso um corpo
quando as almas se encontram
um corpo quer outro corpo
em busca de mais que um corpo

à procura do intangível
pelo toque no palpável
no mergulho entre os profundos
percursos intermináveis

do olho, do peito e da carne

e se as almas se encontraram
foi por se juntarem os corpos
que são, afinal, as almas
que são, afinal, os corpos

eu sei que vou te amar
é verso batido
por toda minha vida
porque sei
eu vou te amar
mesmo e sempre e pronto

cada verso meu
será pra dizer
o que quiser dizer

diga o que diga
eu vou te amar

uma história muda
a vida é vária
o caminho alterna
o amor não para
o amor não morre
só muda a cara
no mesmo rosto
qual seja a estrada

a minha estrada
a sua estrada
entre desvios
encruzilhadas
perto ou distante
sigo meu passo
que sabe eu sei
que vou te amar

tem coisas que guardo
e não faz sentido
pois sei que não guardam
o tempo partido

tem coisas que aguardo
e não tem por que
se um dia chegarem
nem vou perceber

escondido
atrás do seu ouvido

quis dizer
o que sempre quis dizer

e não disse
pois basta estar

escondido
atrás do seu ouvido

em meu caderno se intercalam
páginas cheias de números
páginas só de palavras

e os números com o tempo
perdem seu senso de urgência
e perdem todo sentido
como se nunca houvesse
razão para terem sido

já as palavras que quando
escritas eram inúteis
sobrevivem e têm mais vida
parece que o tempo as nutre

deitado no sofá procuro um tema
que deixe os sentimentos afetados
na escrita sábio, n'alma embriagado
a dose exata, lírico sem lema

mas tudo me parece tão prosaico
a mesma coisa, o mesmo todo dia
nem mesmo amor sincero ou boemia
me fazem comover o verso arcaico

então me lembro: o tema é sempre o mesmo
no fundo do profundo ou extremo raso
(varia é a potência do mergulho)

amor, miséria, morte, vida a esmo
o tema tanto faz, é mais o caso
saber moldar silêncio entre barulho

é só encher a cara
e pinta esse buraco

vazio de sede
facada de eros
angústia de festa

um gole resolve enquanto dura
o buraco é tudo que me resta

lembro meu joelho roxo
batido nas mais altas madrugadas
o som de qualquer coisa me assustava

qualquer coisa que não fosse
a sua presença

volume
do corpo que envolve

o volume
de outro corpo

aumenta o volume
abaixa o volume

a perfeita
mixagem

eu, quando contigo brinco
sei exato o que preciso

não é bem me divertir
mas me divirto
não é bem ir lá no fundo
mas eu mergulho
não é bem chegar além
mas quero mais

eu, quando contigo brinco
sei exato o que preciso
sei exato o que cultivo
sei exato o que procuro

só procuro o teu sorriso

(aquele que se revela
depois de horas a fio
depois de tempos de busca
em nosso rir, nosso rio)

adoro os adjetivos que lhe adornam
e ainda mais a substância
do seu substantivo

nossos verbos no passado dão saudade
no futuro dão vontade
no presente quem me dera

entre nós não há preposição
e a conjunção nos torna
palavras compostas sem hífen
como manda a nova ortografia

a força das palavras de uma mulher
tão fortes como
o beijo o cheiro o corpo de uma mulher
forte

como fosse sua palavra uma antirroupa
quanto mais diz está mais nua

e de seu acendimento se revela
de uma réstia de luz
o fogo

um dia conversei com você
depois a gente conversava
teve quando te abracei
veio o tempo do abraçava
então eu te beijei
quanto a gente se beijava
tanto que te amei
tanto que te amava

só não percebíamos
que nosso passado mudava
do perfeito para o imperfeito

cada um vai pro seu lado
cada um é cada um
menos esse amor
que é meu é seu
e é um

nosotros
se diz em espanhol

parece que compreenderam
a impossibilidade de nós

mesmo juntos
seguiremos sós

esse amor que eu canto tanto
é verdade
por enquanto

se um dia ele se for
não terá
sido mentira

nosso amor nunca foi santo
e a eternidade
não é pra nós

quis ter escrito
algo bonito
mas não consigo
fazer sentido

então prefiro
esse bonito
que nunca é dito
só é sentido

POESIA COLÍRICA

a gente sente
e tudo que a gente sente
a gente é

a gente diz
e tudo que a gente diz
a gente mente

já fui um sêmen
em um ovário
hoje sou vários

o amor
é o maior
chicle

chegaram
as damas

com elas
os dramas

será
que deus
resiste?

a noite
é uma criança

quem não chora
dança

noite afora
vou embora
atrás de mim
na sua frente

no cinzeiro
o resto
de ontem

o rosto
sujo
do amor

me calo
call me
o telefone é a única possibilidade de mudança

sofro e me sopro
sofro e me mordo
sofro e me bato

mas você
não passa

primeiro me bate me xinga me chuta
me fere
mais tarde me liga não pede desculpa
confere?

quando cada um
tá no seu canto
tudo é muito
muito mais
romântico

escolher o calor
do cobertor
ou do vento queimando a madrugada

desânimo

falta de alma
travestida

em calma

depois
eu lavo
essas
panelas

agora
ainda preciso
sujo
delas

nó no pescoço
não desce a dor
nem o almoço

você distante
me sinto longe
de mim

me perco
se não
te encontro

um

+

um

=

dói

a dor
não volta

a dor
se torna

outra

o meu inteiro
só um seu
pedaço

sem seu abraço
sou um céu
ao meio

POÉTICA
DO FIM

tudo feito.

o jeito que foi
foi o único jeito

o que virá
– que será?
são inúmeros rumos
nenhum deles perfeito

não adianta
borracha
rabisco
errorex

nosso poema
está escrito

verso
irreversível

ontem
– nós –
era bonito

hoje
ontem
dói

ok, você tem razão
mas razão não combina com amor
e eu vou ficar aqui
amando sem razão

ia dar tudo certo
ficar tudo bem
não fosse tudo que a gente já tem
ter sempre esse gosto de sem

caminhando e cantando e
caminhando e cantando e
caminhando e cantando e
caminhando e cansando e
caminhando e sentando e
deitando e dormindo

se eu visse a luz
se me viesse a luz
ou um viés de luz

saberia enfim

porque sim quando sim
porque não quando não
porque fim quando fim

e deus-se

o Desejo

ÍNDICE

POESIA CALADA

POESIA COLÍRICA

POÉTICA DO FIM

Enzo Banzo é músico e escritor.

Com a banda Porcas Borboletas, lançou os discos Um carinho com os dentes (2005), A passeio (2009) e Porcas Borboletas.(2013).

Musicou poemas de Arnaldo Antunes, Paulo Leminski, Clara Averbuck, Marcelino Freire, Luís de Camões, Danislau, Cleusa Bernardes e Marco Aurélio Querubim, além de suas próprias letras.

Poesia Colírica é seu livro de estreia.

www.enzobanzo.com.br